AURA
colección

Tu hueco supraesternal

Tu hueco
supraesternal

Alba Flores Robla

eolas

poesía

Para ti

TERCERA PARTE

Estrellas diferentes nos alumbran en noches diferentes.

MANUEL SCORZA

No todo ha sido malo

No todo ha sido malo:
he visto tu cuerpo desnudo entre los árboles,
te he visto desnudo dentro del mar
y te he visto desnudo dentro de un bosque.
No todo ha sido malo, ¿verdad?

No todo ha sido malo (II)

Veo películas con historias más tristes que la nuestra,
leo libros con historias más tristes que la nuestra
y digo
no todo ha sido malo, ¿verdad?

¿Recuerdas aquella vez?

¿Recuerdas aquella vez?
Vimos corzos o alces o renos o ciervos.
¿Recuerdas aquella vez?
Yo no recuerdo tu ropa ni mi ropa
no recuerdo si tenía frío
ni qué hora era,
ni si había llovido unos instantes antes.

Recuerdo girar la cabeza y verte
recuerdo estirar mi brazo y tocarte
recuerdo gritar tu nombre y ser feliz.

¿Recuerdas aquella vez? (II)

¿Recuerdas aquella vez
hace mucho tiempo
cuando compramos dos tortugas y les pusimos nuestros
    nombres?
¿Recuerdas que fuimos al río a buscar las piedras más
    preciosas?
¿Recuerdas que hicimos puentes con ramitas para que
    cruzaran de un lado a otro?
¿Y recuerdas que intentaron escapar y que la tuya iba
    delante?
¿Y recuerdas la tristeza cuando tu tortuga se murió y mi
    tortuga se quedó sola?
¿Y recuerdas la tristeza aún mayor de cuando mi tortuga se
    murió sola?
Te lo digo
porque en este día yo me siento
como en el último día de vida de mi tortuga.

No hay nada más triste

No quiero volver a cruzarme en vida a nadie
como tú.
A nadie
que sea más triste que yo.

El día más feliz

Creo que el día más feliz de tu vida hasta ahora
ha sido el día más feliz de mi vida hasta ahora.

Pure

Mi corazón es puro
y mis manos están limpias.
He estado preparada para el final desde el principio
y por eso escribo.

SEGUNDA PARTE

(Escucho tu silencio.

                  Oigo
constelaciones: existes.

                      Creo en ti.

                            Eres.

                            Me basta).

ÁNGEL GONZÁLEZ

What if

Si mi corazón fuera el único órgano que tú tienes,
si no tuvieras también
mis ojos, mi pelo, mis manos
encerrados
en tus manos.

Si no controlaras mi hambre,
mi sueño
y mis sueños,
las pocas horas que dedico a dormir por las noches
y las muchas horas que dedico a pensar en ti en mi cama,
dando vueltas
y repitiendo tu nombre.

Lo que pasa, amor,
lo que me pasa,
es que además de mi cuerpo entero,
también
tienes mi alma.

Bernesga

Si te conociera mañana probablemente pensaría
qué chico más serio
debe estar triste
y, fíjate bien,
tiene los ojos como el río Bernesga.
Si te conociera mañana me gustaría imaginarte
en la playa,
me gustaría imaginarte en la cama durmiendo.
No me costaría apenas esfuerzo
transportar tu cuerpo con mi mente a distintas
    localizaciones,
lugares exóticos,
habitaciones cerradas,
pero tu cuerpo, siempre tu cuerpo.
También me gustaría imaginarte imaginándome en diversos
    contextos,
por ejemplo:
yo con mi cabeza en tu hombro
yo jugando con tu perro
yo detrás de la puerta de tu casa
yo tomando tu mano
fundido en negro.

Si te conociera mañana
te observaría
largo rato desde lejos
(y juro que no apartaría la mirada bajo ninguna
circunstancia).

Deseo

Deseo que lo único que te haga llorar
sean las guerras.

Blind eyes could blaze like meteors

Cuando sé que no voy a dormir, extiendo
mi pelo por toda la almohada
como si fuera una corona
o un campo de flores.

Despacio, pienso insistentemente
y con estricto orden cuidado
en todas las cosas que hacen que me sienta horrible
y que hacen que me ponga a llorar.

Llegado el momento,
pongo mis dedos en las pestañas,
con cariño
reconozco el tacto pegajoso,
pienso
qué maravilloso sería tal vez
si mañana no pudiera abrir los ojos.

Pasear ciega, ignorar
si te has puesto triste por aquello que hice,
tomarme una tregua contigo
y con el mundo.

Y cuando al final me duermo,
siempre me pasa
que confundo
—¿es que acaso no se parecen?—
la dulzura del cansancio
con la dulzura de la muerte.

You'll always have a home inside of me

No te sientas solo.
Estés donde estés,
hagas lo que hagas,
siempre habrá alguien que te ame
mientras yo viva.

La lección de anatomía del Dr. Nicolaes Tulp

si pudiera
poner las manos
sobre la piel del pecho
y estirar a derecha y a izquierda
rasgar el envoltorio
sin que doliera
lo haría
y si doliera también lo haría
luego te invitaría a mirar dentro
a asomarte
a ver el latido rápido
y decirte
tócalo
si quieres
pero ten cuidado

Highly valued

Este poema debe de ser valioso.
Lo escribí de madrugada
cuando en mi edificio lloraban dos personas
y el resto dormía.
El bebé tenía frío o hambre
y yo tenía insomnio o tristeza.
Es sencillo.
Quise subir al piso de arriba y llamar a la puerta.
Disculpe las horas ¿es que no oye cómo llora?
Y quise ir a tu casa y llamar a la puerta.
Disculpa las horas ¿es que no oyes cómo lloro?
Y luego dar las gracias
y volver a mi cama a pensar
en el silencio del niño que acunan en el piso de arriba
y en el silencio de tu cuerpo solo en tu casa
y antes de dormirme
por último pensar
en el llanto único que ahora queda
y que se calmaría
contigo llamando a mi puerta.
Disculpa las horas ¿es que no oyes cómo lloras?

Brief Statement

Como habitante del primer mundo
como clase media, deseo
tener menos cosas
para tener menos miedo
para solo tener miedo de morir.

Tener

Tengo muchas cosas que no quiero.
Tengo el pelo largo y oscuro, por ejemplo.
Las manos anchas,
tendencia a engordar,
problemas
para conciliar el sueño.
En orden de menos a más también se podría decir que tengo
frío, sueño, miedo a morirme,
ganas de llorar
y ganas
de verte de nuevo.

Si no puedo dormir, imagino

Si no puedo dormir, imagino
mi cuerpo tendido en la hierba amarilla.
Si no puedo dormir, me imagino
en los lugares en los que me gustaría estar despierta.
Una planicie tostada por el sol a medio día,
pasos de ciervos,
la brisa suave que mueve mechones de pelo
y me hace cosquillas.

Estiro los dedos
y de pronto me encuentro con tu cuerpo.
¡Qué extraño descubrimiento!
Este sin duda alguna debe ser
el más hermoso de los sueños.

Notice me Senpai

Una vez, hace seis años, calculo
estuvimos a punto de hablar pero no lo hicimos.
Una vez, hace seis años, calculo
estuve mirándote fijamente queriendo que te dieras cuenta
    de que te miraba fijamente.
Toda mi concentración fue en vano,
fue inútil mirar tu cuerpo sin nombre llegar desde el fondo
    del pasillo.
Y aunque no me acuerdo
diría que giré la cabeza incluso cuando mi espalda quedó a
    tu espalda
y aunque no me acuerdo tampoco
diría que me sentí terriblemente triste al ver que seguías
    andando como si nada
como si yo no estuviera plantada ahí en medio
sola
haciendo del acto de mirarte fijamente el propósito de mi
    vida en ese momento y a esa hora.
Y más adelante, hace cinco años y medio, calculo
descubrí con qué nombre te llamabas y con qué voz
    llamabas otros nombres
y pensé

ojalá alguna vez sepa mi nombre y quiera decir en alto mi
    nombre.
Y otra vez, hace cinco años, calculo
me miraste fijamente queriendo que te mirara o que te
    sonriera fijamente
y pensaste en la forma de conseguir que alguien nos
    presentara.
Y después, hace cinco años, calculo
me dijiste en realidad no quiero ir contigo a la biblioteca
en realidad lo que pasa es que me gustas mucho
y tuve mucho miedo de gustarte mucho.
Y después, hace cuatro años y medio, calculo
tuve mucho miedo de dejar de gustarte mucho
y usé las redes sociales para mandarte varias canciones
que me recordaban a ti
y estuvimos una noche entera sin dormir
hablando
de lo bien que nos iría si estuviéramos juntos.
Y después, ayer por la tarde, calculo
estuve haciendo fijamente un montón de cosas
contigo
te hablé fijamente
y a cambio dejé que me miraras fijamente
y te sonreí fijamente
y nos besamos fijamente
y fue bonito
hacer fijamente

tantas cosas
contigo.

Nonnomadic love

Muy pocos sabrán
que esta ciudad existe
lejos del mar
bastante lejos de Madrid
y demasiado lejos de Barcelona.
Muy pocos sabrán
que tú y yo existimos dentro de esta ciudad
sin ir nunca
al mar
ni a Madrid,
ni a Barcelona.
Muy pocos sabrán
que tú y yo nos conocemos
y menos aún sabrán por qué
nos conocemos
cuándo y cómo sucedió
en qué circunstancias de nuestras vidas
se dio el fenómeno.
Pero solo tú y yo sabremos
cómo siguió la historia
después de que ya no importara a los de fuera.
Solo tú y yo sabremos

quién habló y quién calló al principio
y quién calló y quién habló luego
y quién lloró y quién consoló al principio
y si alguien llorará sin tener consuelo luego.

Cry, baby, cry

Si los pronósticos son ciertos, si todo
sucede de la forma equivocada.
Si de verdad te das la vuelta
cuando yo te tienda la mano.

Si resuelto a no volver y a no escribirme nunca,
te vas algún día.
Si convencido de que será fácil dejar de usar mi nombre,
comienzas
a referirte a mí
con frases subordinadas que explican pobre e injustamente
    el amor que nos unía
—si se diera el caso y por ahorrarme tristeza
me gustaría pensar que lo haces por ahorrarte tristeza—
que sepas que frases como
esa chica que fue novia durante tantos años hace tantos años
me romperían el corazón.

Llegado el caso,
preferiría que hicieras como que no he existido.
Y si la gente pregunta,
miénteles

aunque mentir sea malo.
Di que si ahora eres así
es porque naciste llorando.

Stream of consciousness

Sé que estoy triste porque son las dos de la mañana y estoy
en el móvil escribiendo un poema en una app para
notas.
Probablemente acabe llorando y con más dioptrías de las
que tengo ahora.
Mañana estaré cansada y me dolerá la cabeza y será un día
de mierda como la mierda de día que me ha hecho hoy
escribir este poema de mierda.
Primero estuve triste porque al despertarme estaba nublado
y no parecía verano y luego llovió y me dijiste que habías
tenido que moverte en bici por la ciudad y me puso
triste imaginar que habías tenido frío mientras ibas de
un sitio a otro.
Luego me puse triste porque encendí el ordenador y no
conseguí hacer nada y acabé viendo series subtituladas.
Luego me puse triste porque dijiste que no podríamos
vernos y realmente te echaba de menos.
Luego me puse triste porque no había salido de casa.
Y me puse triste también al pensar *qué cosas he hecho hoy*
y no había hecho nada
qué cosas he hecho hoy que me ayuden a ser feliz mañana.

Are plants happier than humans?

Cuando funciono como planta en vez de como ser humano
me siento mucho más feliz.
Pero cuando tengo hambre como tienen hambre las plantas
y me acerco a la ventana,
y descubro que no es el sol sino tu cuerpo lo que necesito
para hacer la fotosíntesis,
y de pronto me doy cuenta de que no tengo tu cuerpo,
entonces me digo
así se deben sentir las plantas cuando hiela de noche
y mueren de frío
así se deben sentir las plantas cuando alguien las arranca de
        la tierra
y las pone en un jarrón
así se deben sentir las plantas
cuando se dan cuenta de que no sirven para nada.

RAL 8011

Cómo no voy a amar al hombre
que cuando era chico
encontró el código numérico
para explicarle al mundo
de qué color eran mis ojos.

Quisiera devolverte el favor
pero no lo consigo
dudo
entre el verde caña
y el pardo verdoso.

Y quizá te suene ridículo
pero me gusta más pensar
que tienes en los ojos
el mismo color
que tienen en el agua los ríos.

Empeños

No sé si te lo he dicho alguna vez,
pero tengo cierto empeño
en que mi hija lleve el nombre de tu abuela.

Y será una manía tonta,
no sé,
pero tengo el empeño también de saber
por dónde y con qué lentitud
comenzará a encanecer tu pelo.

Y a pesar del despiste y del olvido
estoy resuelta a poner todo mi empeño
en aprenderme de memoria
la hora, el número y el color
de tus pastillas
si estás enfermo.

Y ahora bien,
a ver quién encaja
una derrota
tan triste
y no muere en el intento.

Materialistic dreams

Desde que me meto en la cama
hasta que me duermo en la cama
pasan tres horas.
En ese rato pienso en ti
y en mí
y en la novia de tu hermano,
en los perros que duermen en los centros comerciales,
en la gente que tiene cáncer,
en la gente que llora cuando ve el mar,
en la gente que llora cuando ve nevar,
en la gente que está sola y desea con todas sus fuerzas
por favor
que el día que muera
haya alguien que me coja la mano con cariño,
alguien que me mire a los ojos cuando yo los cierre,
alguien que me diga
una parte de ti
se ha quedado
para siempre
conmigo.

What's wrong with me

Siento que siempre hago lo contrario a lo que debería hacer,
que cada vez que doy un paso hacia ti, tropiezo
y bajo rodando por una colina llena de piedras
que me golpean la cabeza
y que me hacen olvidar los errores que he cometido
y mi cuerpo rebota
y se magulla
y se araña
y recorre en diez segundos
lo que avanzó en diez años
y cuando llego abajo
y levanto la vista
y te veo llorando
te digo
no te vayas, por favor
espérame
ya estoy de camino otra vez
pero tiéndeme la mano,
ayúdame a quedarme a tu lado.

What's wrong with me ×2

Siento que debo disculparme
por haberme cruzado en tu vida.
Cuando no te conocía
no podíamos hacernos daño.

Tickling

No me gustan las cosquillas
pero me gustan tus manos.

What, then, if not fate?

Para que esto fuera posible,
para que yo esté aquí,
amándote,
se han tenido que dar muchas casualidades.

Estamos vivos a la vez
y en el mismo sitio
y con los mismos años.

Tu padre te acompañó a matricularte
a la misma facultad
el mismo día
en el que mi madre me acompañó
a matricularme.

Te miré ese día.
Tú no recuerdas si me miraste.

En casa, mi familia hablaba de ti.
En casa, tu familia hablaba de mí.

Yo pensaba en ti.

Tú pensabas en mí.

El día antes de que me hablaras
te había sacado una foto a escondidas.
Yo te veía cruzar por los pasillos.
Tú me veías cruzar de un lado a otro.

Yo quería que me hablaras.
Tú querías que te hablara.

Y la casualidad más grande de todas.
A mí me gustaba estar contigo.
A ti te gustaba estar conmigo.
Yo te quería.
Tú me querías

Rightful, merited, deserved

Cuando estoy muy triste,
pero no lo bastante triste como para llorar,
escribo poemas.
Cuando me quedo muy triste después de haber llorado
    mucho, pero no lo bastante como para llorar de nuevo,
escribo poemas.
A veces, también
escribo poemas y lloro a la vez.
Creo que tengo derecho a quedarme en vela porque estoy
    triste y creo que tengo derecho a estar triste porque te
    quiero.

Wanted dead or alive

Tengo sueños todavía, tengo sueños.
Aunque mi voz sea horrible,
yo te canto canciones de amor.
Aunque mi corazón se hunda como un barco en el océano,
yo alzo mis brazos y te mantengo a flote.
Aunque tú tengas miedo de morir por mi culpa,
me gustaría poder llevarte en bici por un bosque
antes de morir por tu culpa.

I love you because we hate the same stuff

Estamos juntos
porque odiamos las mismas cosas:
los churros
salir de fiesta
conocer gente
tener que hablar.
Menos mal.
Qué triste sería todo
si uno de los dos quisiera ponerse a bailar.

No

Estos poros horribles en la piel de la cara
me querrías más
esta frente fea este pelo sucio
me querrías más
estos ojos hundidos y ciegos que no te merecen
me querrías más
esta pierna torcida esta boca torcida
esta espalda ancha
estos dedos rotos
me querrías más
esta torpeza este olvido
esta timidez este temor
me querrías más
esta manía de
esta tendencia a
me querrías más
si fuera de otra manera
me querrías más

Levantar el parche y besar el ojo

Yo me pregunto
si vale de algo gritar
cuando se tiene miedo.
Y si alguien escucha,
¿por qué nadie viene
y me toma la mano?

Sito

Si hay algo de ti que no te guste,
no lo tires,
ni lo arrugues,
ni lo ensucies.
Dámelo a mí,
yo te lo cuido,
yo te lo guardo.

Apocalipsis

Si mañana tú despiertas
pero yo no despierto.
Si mañana tú no despiertas
pero yo sí despierto.
Si empieza una guerra,
o una epidemia,
si llegan los zombies,
o los aliens.
Si se acaba el mundo.
Si caen asteroides
sobre el planeta.
Si el sol se apaga
o pasa de enana amarilla a gigante roja
y luego a enana blanca.
Si nos engulle un agujero negro.
Si enloquezco,
o entro en coma,
o en estado vegetativo.
Si enfermas y me olvidas,
o si enfermo y te olvido.
Si me acusan de un crimen que no he cometido,
o que sí,

si acabo en la cárcel
justa o injustamente
y no quieres venir a verme
o no dejo que vengas a verme.
Si algo de esto sucede,
si no me da tiempo a hablar de nuevo contigo,
que sepas que estaré tranquila.
No pasa nada.
Yo ya hice lo que tenía que hacer:
llegar a tu vida.
Tú ya hiciste todo lo que podías hacer:
abrazarme,
tocarme el pelo despacio
dejar que me quedara
a tu lado.

PRIMERA PARTE

Te estoy llamando
amor
como al destino
como al sueño
a la paz
te estoy llamando
con la voz
con el cuerpo
con la vida
con todo lo que tengo
y que no tengo
con desesperación
con sed
con llanto
como si fueras aire
y yo me ahogara
como si fueras luz
y me muriera.

IDEA VILARIÑO

J'ai peur de l'amour

Me da miedo
que alguien me diga las cosas que tú ya me has dicho.

Me da miedo otra voz
llamándome por mi nombre.
Alba,
amor.

Me da miedo la misma caricia
repetida en mi cuerpo
por otra mano.

Me da miedo ver otro perfil
entre las mismas sombras.
Ver otra piel,
otra distribución de los lunares,
otra tristeza en otros ojos,
otro cansancio de vivir.

Me da miedo también
pensar
los mismos nombres

para distintos hijos,
y volver
a otros brazos
para el mismo consuelo.

Pequeña Orlando

yo quisiera ser más como tú

haber nacido en otro mes
en otra ciudad
bajo otro nombre
tener otro sexo
otros hermanos
otros padres

y aún más
yo quisiera por un día ser tú
ver como ven tus ojos
probar a acariciar con tus manos
respirar con tus pulmones
echar a correr con tus piernas
poner la mano sobre el pecho
y que sea tu corazón el que lata
y luego
antes de ser yo de nuevo
yo quisiera besarme como besa tu boca
hablarme con tu voz
contarme tus secretos

MTDCM

yo quiero que vengas ahora hasta mi casa
ahora que ya es jueves pero que llueve como si fuera
    miércoles o martes
quiero que vengas y me traigas agua hasta en los huesos
agua en el pelo y en los ojos y en las manos y en el pecho y
    agua en el hueco supraesternal y agua en los calcetines
    rotos y en el ventrículo derecho y en el izquierdo y en el
    hueco de tu ombligo de media luna
yo quiero agua
y luego llama a mi portal y dime baja que tengo agua
para ti tengo agua
para tus flores
para tus hijos
para mis hijos

hasta que me muera podrás beberme el agua

Savia

Ya he echado raíces en tu cuerpo,
ya soy
tu árbol inamovible
que de ti se alimenta.

Oublier

¿Te imaginas alguna vez olvidar este amor? Olvidar como olvidó la mujer de Nevers en *Hiroshima Mon Amour*. Olvidar el amor del que quisiste morir. Olvidar el amor por el que habrías muerto de haber podido. Olvidar el rostro, la voz. Olvidarme. Olvidar el anular de mi mano izquierda. Olvidar la inscripción: mon tout dans ce monde. Olvidar por qué todo eso y ahora nada. Olvidar que me gustaba tu hueco supraesternal. Olvidar que me pedías que me tumbara sobre tu espalda. Olvidar que me ibas a llevar a París. Olvidar que era torpe y tonta. Olvidar que tenías los ojos como el río Bernesga. Olvidar que bailábamos descalzos, con mis pies sobre tus pies. Olvidar tu cuello. Tu olor. Olvidar.

Tú eres nosotros

Amor mío, y algo más, que me duelen en la garganta esas palabras que no existen, que me escuece el silencio forzado, preferir eso a no decirlo todo, el quemazón, la impotencia... o la imposibilidad.

La imposibilidad de tu hombro que apenas se ve, pero que es cierto y existe aquí y ahora a través del calor y del tacto suave, las parcelas de la epidermis acaso con nombre sin yo saberlo. Tu hombro, que es una duna, y la noche que cae sobre el desierto. Y tus párpados que caen sobre tus ojos y los ocultan. Y yo que me he de conformar con recordarlos.

Y me gusta recordarte si es porque duermes y no porque te has ido. Regocijarme pensando que me sueñas aunque no tengas que soñarme, porque estoy acá, donde te acabas. Marco tus límites, te perfilo, me contagio de tus exhalaciones, te respiro, te amo...

Ele

cierro los ojos

pienso
en cuando me acaricias el pelo
como quien acaricia el ala rota de un pájaro

siento tu mano moviéndose
los dedos suaves y torpes
el calor de la piel
las uñas irregulares en mi frente

lloro
sigues acariciándome
me muero

me muero así
del único modo en que me gustaría morirme:
contigo cerca
con la paz
de tu corazón en mi oído

ahora todo está bien

¿no ves?

yo ya sabía que te querría siempre

Eres mi ser

a veces quiero
destrozarme
arrancarme el pelo
golpearme con las paredes
hacerme sangre
romperme las uñas
amoratarme la piel
gritar muy fuerte
...
para que venga él
me pare
me agarre los brazos las manos
me bese la boca
me cante canciones de amor
me peine
se meta conmigo en la cama
me duerma
ponga flores en mis ojos
me llore
me hable de tiburones

LI

Me gusta cuando se agacha,
me ata los zapatos,
sonríe
y dice que soy preciosa.
Aunque sea mentira
y haya chicas mil veces más bonitas
que querrían pasear con él por la calle
y poder saber qué es eso
de que de repente se pare
te acerque a él
y te bese en la boca.

LII

A veces me olvido de las cosas que no son él,
de la poesía,
de las mujeres que aparecen desnudas en los cuadros,
de los coches nuevos,
o de los cuadernillos con hojas amarillas
y cubiertas negras.

A veces me equivoco y llamo
a todo el mundo con su nombre.
Todo se convierte en él.
Por ejemplo, aquí,
Manhattan,
es un lunar bajo su ojo.
Argentina se escurre entre sus dedos.
Hay playas griegas en su espalda.

Creo que a mí me esconde
cerca de donde respira.

Me gustas de perfil

Me gustas de perfil
porque no sé dónde terminas,
dónde está el punto exacto
en el que dejas de ser tú mismo y algo
te sustituye:
el aire,
la pared en la que te apoyas.
Mi cuerpo, tal vez.

Me gustas de perfil
porque aprendo a continuarte
a través del recuerdo.
Porque mis ojos y mis manos han seguido
las líneas más allá de lo que veo.
Porque han recorrido
—como bocas hambrientas—
todos tus caminos.

Love

Te quiero.

Te seguiré queriendo también dentro de cincuenta años.
Veré tu mano empujando las bicicletas de nuestros hijos,
acariciándoles el pelo cuando lleguen del colegio.
Te escucharé consolarlos cuando estén tristes:
les pondrás tiritas en las heridas,
les besarás cuando lloren,
les enseñarás a perdonar
y a pedir perdón.

Sonreiré
—tal y como hago ahora—
al verte aparecer por las esquinas,
por las puertas de la casa a la que llamaremos hogar.

Notaré
tu cuerpo al lado del mío todas las mañanas,
los dedos entrelazados bajo la almohada,
tu aliento haciéndome cosquillas en la nuca.

A la mierda los modernos.
Te juro que en esta vida no quiero otra cosa.

Tú serás mi invierno

No sabes, amor,
que me sobreviven todas las madrugadas.
Que muero de ti
—de tristeza de ti—
como mueren las noches.

Creo que es la luz de los días cada vez más cortos,
la llegada del otoño,
del frío,
de la miopía cristalina.

Hibernaré, amor, este otoño.
Verán mi cuerpo andar, hablar,
incluso sonreír,
tal vez.

Pero no seré yo.

Yo estaré como los lirones,
como muerta,
esperando
a que pase el frío del otoño

para volver a casa
con el calor del invierno.

Estamos en Hiroshima

Ella se ha pintado un poco ese día. Ha llorado. Tiene la cara negra. Aquí y allá. Él la ha besado. Ha besado sus ojos mojados y negros y luego su cara.

(Él la ha visto llorar y la ha deseado. Ha visto como se iban llenando sus ojos hasta hacerlos casi transparentes. Ha visto las primeras lágrimas que empapaban la pintura oscura de sus ojos mal pintados y la ha besado. Ha querido bebérsela. Ha creído que se hacía líquida)

Él también ha llorado. Tiene marcas de agua por las mejillas. Es la parte de la lágrima que no se evapora y que queda en la piel. Como una zona de piel un poquito más clara que cruza desde el ojo hasta la barbilla.
Ahora están separados. Ya no se besan ni se abrazan. Tiemblan sus bocas. Las dos bocas sucias. Una de besar y otra de ser besada. Se miran.

Entonces ella le mira como si le desafiara. (Ha recordado una cosa y luego otra. Ha visto el contraste entre dos brazos que no pertenecen al mismo cuerpo. El brazo de él y el brazo de ella. En un momento cualquiera, juntos. Diferentes. Pero como si no pudieran existir por separado). Y realiza el acto que desencadena el pensamiento: levanta sus manos, sus dos manos, separa los dedos y los coloca a la altura de sus propias cejas. Las despeina. Las destroza.

Y ahora él sabe lo que tiene que hacer y lo hace. Se acerca a ella. (Él es más alto que ella, lo justo para que la boca de él pueda besar la frente de ella siempre que se quiera). Besa primero el cachito de piel entre las cejas, y luego milímetro a milímetro besa sus cejas, las peina con sus labios. Primero una y luego otra. Despacito. Muy despacito.

Ya ha acabado.
Entonces ella sonríe. Y ya no puede parar de sonreír. Y se da la vuelta y se aleja sonriendo. Y se clava las uñas en la palma de las manos. Y sangra. Pero no lo nota. Ese dolor no existe para ella. Solo existe el otro.

Infinito

cuando respiras cerca de mi oído
me vacío de mí
salgo de mi cuerpo
nos veo a los dos
al conjunto que formamos
—al conjunto irrepetible que comienza
con mi boca sobre tu hueco supraesternal
y que no acaba—
y pienso
al vernos así,
solos, juntos e indefensos
que algo terrible vendrá a destruirnos

somos tan vulnerables con nuestro amor
parece tan fácil hacernos daño

dirán que es imposible tanta belleza

Por ahora y por entonces

Pienso en ello como en un espacio vacío,
la distancia mínima entre dos cosas que deberían estar juntas
    y no lo están
—las ranuras, los umbrales,
una estría en la piel, una herida o un corte
la pupila oscura entre los párpados,
el aire que corre entre los cuerpos—.
Y es ahora,
al volver la vista atrás,
cuando relleno ese vacío
y le doy vida:
Te meto allí sin pedirte permiso,
me coloco a tu lado
como si fuéramos dos figuritas de madera
y ya no pudiésemos elegir.

Cierro los ojos y te cojo de la mano,
es otro verano distinto a este,
veo los árboles y las hormigas en la tierra.
Noto,
como si en verdad hubiese sido verdad,
tu piel caliente dentro de mi mano,

tus dedos que aprietan mis dedos.

Vivo dos vidas, amor.
Te quiero doble.

Expiación

Llegado el momento tendré que salvarle
del mundo, de las pestes, de la vejez,
de la curva que forme mi cuerpo,
de mí misma.
Empezaré ahora:
su catarsis será mi expiación,
la forma de pagar por lo no hecho,
por las ausencias
——por la única ausencia interminable
que nacía de mi cuerpo——.
Le echaré de menos
y no podré decirlo,
me dolerá quererle
(me duele quererle ya)
me obligaré a pagar la deuda
——la única deuda interminable——
con aquello que vive bajo su piel.

No sabes de qué manera

hay días en los que no soporto ser alguien distinto a ti
tener otros ojos y otras manos
dormir en otra cama

pienso
en que no me vale tenerte cerca
olerte oírte mirarte tocarte besarte
que necesito ser tú
llamarme por tu nombre
usar tu ropa
respirar el mismo aire

No pretendas defenderte

volveré a crearte aquí
en este otro cuerpo que no es tu cuerpo
que ni siquiera se le parece

y volveré a amarte de nuevo
una y otra vez
en distintos conjuntos
bajo distintos nombres

pero serás tú
siempre tú
expresado
en otras versiones de ti mismo
otro color de ojos
otra forma de pronunciar la r
de decir bisílabos
de apartarme el pelo antes de.

Otras formas de decir te quiero

no te pido nada
te aprendo de memoria
veo el pulso que late
bajo tu piel
en el hueco supraesternal

me quedaré aquí
pienso
por como respiras
por como existes

Otra forma

Él no sabe
que mi barbilla se hizo para descansar sobre su clavícula,
que el sitio perfecto para aplastar mi nariz es la base de su
    cráneo,
que son mis dedos los que huyen a su pelo,
que es mi boca la que elige su boca de entre todas las bocas.

Él no sabe
que las cosas no pueden ser de otro modo,
que es inherente
que yo le busque y que él me busque,
que yo le encuentre y que él me encuentre.

Fill in the gaps

Si ese día no hubiese sido,
si el tiempo lo quisiera haber saltado
dejando un vacío en medio
—¿Acaso no sucede a veces
que hay cosas que no se viven?—
si hubieses callado tú y luego yo,
si no hubiese no negado,
este poema sería para cualquier otro.
No te diría «Yo no existo si tú no quieres»
no te pensaría tanto
como ahora,
ni sabría cómo se forma
—fgrshdtrdgstrmegustatanto,
creoquenolosoportaríafdgrtgfjseivgfefir—
tu sonrisa.

Y Nueva York al fondo todavía

No, aquí, no.
Aquí el sol que resbala sobre los coches,
y tu mano en el volante, qué ojos tan bonitos
tienes.
Semáforo en rojo.
¿Sabes qué pasa cuando te miro?
Me muerdo el labio por dentro
y solo pido seguir echándote de menos
así como te echo de menos ahora,
sin otro motivo

        (que

               no

                    sea

                          quererte)

Y luego sonrío
y que tú te rías.
Semáforo en verde.
Yo también quiero
—como a ese que te sigue—
que me mires por el retrovisor.
Pero te prefiero cerca

y no llegar nunca a casa.
¿Ves que bien está todo?

Con Nueva York al fondo, todavía
al aeropuerto no,
rogamos hagan uso
del cinturón, pero no importa,
porque yo quiero besarte.

Features

Y digo los chicos me gustan con las manos grandes y la voz bonita y resulta que tú tienes las manos grandes y la voz bonita y yo sin darme cuenta y tú sin darte cuenta.

Catarsis

hoy tengo tristeza
sucede a veces esa tristeza
es un gancho frío

se oye el mar dentro de mi cuerpo
hay arena fina
blanca como el polvo de talco
palpita
araña los ventrículos las aurículas
obstruye las válvulas cardiacas
sístole
diástole

lloro
me vacío sobre el suelo de mi cuarto
sabe a sal
pienso
sabe a yo por dentro
soy yo por dentro

Born to die

Como desearía no haber querido nunca huir de aquí,
decir me vale y me sobra
con escribir poesía en cuadernillos,
vivir en esta ciudad
de cuatro habitantes por kilómetro cuadrado
y una vaca.

Como desearía evitar
la eterna expiación del abandono
de las cosas irrecuperables como el tiempo
y su materialización
en días
no vividos.

Planeta

No te querré más porque rescates pájaros heridos
o te niegues a quemar hormigueros
con una lupa.

No te querré más porque beses a tus padres,
te gusten los niños y los perros
abandonados.

No te querré más porque a veces llores y no seas hombre,
porque te den miedo las cosas oscuras como precipicios,
los finales abiertos de los cuentos de hadas,
que todos te escuchen tartamudear
y la nieve.

Minipoema de otoño

Todo te sale bien
menos yo
y a mí todo mal
menos tú

Este ahora sin edad

Lo que más le gustaba a Luis era tachar los días del calendario con rotulador verde. A veces no podía aguantar las ganas de que llegara la primavera y tachaba emocionado todos los días que faltaban. Otras veces se quedaba sin tinta y mientras el resto de la gente paseaba con bufandas, él aún tenía que soportar el calor de los últimos días de julio.

Ha nevado esta noche
y ahora están a la vista de todos
en la nieve recién caída
mis huellas
desde mi puerta hasta tu casa.

VILBORG DAGBJARTSDÓTTIR

(traducción de Francisco J. Uriz)

Índice

TERCERA PARTE

No todo ha sido malo 13

No todo ha sido malo (II) 14

¿Recuerdas aquella vez? 15

¿Recuerdas aquella vez? (II) 16

No hay nada más triste 17

El día más feliz 18

Pure 19

SEGUNDA PARTE

What if 25

Bernesga 26

Deseo 28

Blind eyes could blaze like meteors 29

You'll always have a home inside of me 31

La lección de anatomía del Dr. Nicolaes Tulp 32

Highly valued 33

Brief Statement 34

Tener 35

Si no puedo dormir, imagino 36
Notice me Senpai 37
Nonnomadic love 40
Cry, baby, cry 42
Stream of consciousness 44
Are plants happier than humans? 45
RAL 8011 46
Empeños 47
Materialistic dreams 48
What's wrong with me 49
What's wrong with me x2 50
Tickling 51
What, then, if not fate? 52
Rightful, merited, deserved 54
Wanted dead or alive 55
I love you because we hate the same stuff 56
No 57
Levantar el parche y besar el ojo 58
Sito 59
Apocalipsis 60

PRIMERA PARTE

J'ai peur de l'amour 67
Pequeña Orlando 69
MTDCM 70
Savia 71
Oublier 72
Tú eres nosotros 73

Ele 74

Eres mi ser 76

LI 77

LII 78

Me gustas de perfil 79

Love 80

Tú serás mi invierno 82

Estamos en Hiroshima 84

Infinito 86

Por ahora y por entonces 87

Expiación 89

No sabes de qué manera 90

No pretendas defenderte 91

Otras formas de decir te quiero 92

Otra forma 93

Fill in the gaps 94

Y Nueva York al fondo todavía 95

Features 97

Catarsis 98

Born to die 99

Planeta 100

Minipoema de otoño 101

Este ahora sin edad 102

Colección

AURA

1. *El lector de Dostoyevski* · Ana Isabel Conejo

2. *Te robo los recuerdos* · Julia Conejo

3. *Laberintos* · MJ Romero

4. *Corazonar* · Verónica Durán

5. *Entre trenes* · Mar Sancho

6. *Maestros apócrifos* · Ana Isabel Conejo

7. *Cauces* · Antonia Álvarez Álvarez

8. *Volvamos a matarnos* · Reyes Liébana Blanco

9. *Cabeza de cisne sobre almohada floral* · Susana Barragués Sainz

10. *Poemario del deambular* · Berta L. Pichel Blanco

11. *Hipocampo* · Sara Otero del Amo

12. *Instrucciones para morir* · Rosa M. Martín

13. *Nominalismos* · Andrea Bernal

14. *Subasta de ojos* · Julia Conejo

15. *La donna del claqué (o no me nombres)* · MJ Romero

16. *Flores de sangre sobre la hierba* · Marta del Riego Anta

17. *Respirar escarcha* · Emma Prieto

18. *azar (+ no tanto)* · Aldo Sanz

Primera edición:
abril de 2024

© Alba Flores Robla, 2024

© de esta edición: Eolas ediciones

www.eolasediciones.es

Dirección editorial: Héctor Escobar
Diseño y maquetación: Alberto R. Torices
Fotografía de cubierta: Mimi Moromisato
(pexels.com)
Fotografía de la autora: Vokislav Karbajc

ISBN: 978-84-10057-32-6
Depósito Legal: LE 105-2024

Impreso en España

AURA